ACADÉMIE DU BAS-RHIN.

THÈSE

POUR LA LICENCE,

PRÉSENTÉE

A LA FACULTÉ DE DROIT DE STRASBOURG

ET SOUTENUE PUBLIQUEMENT

Le Jeudi, 19 Août 1852, à midi,

PAR

AIMÉ FLORENTIN,

D'OMELMONT (MEURTHE).

A MON PÈRE.

A MA MÈRE.

A. FLORENTIN.

FACULTÉ DE DROIT DE STRASBOURG.

PROFESSEURS.

MM. Aubry ✳, doyen . . . . Droit civil français.
Rauter ✳, doyen hon.^re Procédure civile et Législation criminelle.
Hepp ✳ . . . . Droit des gens.
Heimburger . . . . Droit romain.
Thieriet ✳ . . . . Droit commercial.
Schützenberger ✳ . . . . Droit administratif.
Rau ✳ . . . . Droit civil français.
Eschbach . . . . Droit civil français.

MM. Destrais,
Luquiau, } professeurs suppléants.

M. Blœchel ✳, professeur honoraire.

M. Bécourt, officier de l'Université, secrétaire, agent comptable.

M. Schützenberger, Président de la thèse.

Examinateurs MM. { Rau,
Eschbach,
Destrais, } Professeurs.

La Faculté n'entend ni approuver ni désapprouver les opinions particulières au candidat.

JUS ROMANUM.

DE TESTIBUS.

Adhibentur testes in judiciis ut, de facto quod controvertitur, judici fidem faciant; sed antequam testimonium perhibeant prius jurare debent. In jure romano, non solum in criminalibus causis, sed etiam in pecuniaribus litibus, qualiscunque fuerit litis existimatio, testes adhiberi possunt [1], et eorum depositiones eamdem vim obtinent quam fides instrumentorum [2]. Imo ea, quæ viva dicuntur voce et cum jurejurando, digniora fide quam ipsa scriptura, habentur [3]. Attamen in controversia ingenuitatis, soli testes ad probationem non sufficiunt: instrumentis et argumentis causa est defendenda [4]. In cæteris casibus, solum testimonium eadem auctoritate admittitur quam litterarum probatio, nam Romani hanc regulam habent : scripturam auctoritati pactorum non necesse, excepto tantummodo casu quo partes solum litteris tractare conveniunt. Ita hypothecæ et nuptiæ testibus veluti instrumentis probantur [5]. Illa regula multo magis ad emptiones

---

1. L. 1, §. 1, D., De testibus.
2. L. 15, C., De fide instrumentorum.
3. Nov. 73, cap. 3.
4. L. 2, C., De testibus.
5. L. 4, D., De fide instrumentorum.

et venditiones, ad stipulatus et divisiones, ad mutuum et depositum, ad locationem et societates, denique ad omnia pacta extendi potest. Inde, si apocha fortuito casu deperdita fuerit, obligatio etiam testibus probari potest.

Plures testium ordines Romani admittunt, pro existimatione qua fruuntur. Ita testes *assiduos Proletariis* et Proletarios *Diabolaribus* anteponunt. Nam inprimis conditio, dignitas, fides, mores et gravitas testium est examinanda : utrum quis decurio, an plebeius sit, et an honestæ et inculpatæ vitæ; an vero notatus quis et reprehensibilis; an locuples vel egens sit; vel an inimicus ei sit, adversus quem testimonium fert; vel amicus ei sit, pro quo testimonium dat. Judici tamen permittitur ut dispiciat an credendum sit alicujus testimonio necne. [1]

In judiciis ad testimonium ferendum admittuntur non solum masculi, sed et mulieres. Quidam autem propter reverentiam personarum; quidam propter lubricum consilii sui; alii vero propter notam et infamiam vitæ suæ, admittendi non sunt ad testimonii fidem. Ita, propter reverentiam personarum, libertus adversus patronum, patronique liberos, servus pro domino quemadmodum adversus eum, parentes et liberi invicem adversus se et volentes, non testes esse possunt. Matris tamen et aviæ professio de ætate filiorum recipitur. [2]

Maxime autem nullus idoneus testis in re sua intelligitur.

Ita, propter lubricum consilii sui, impuberes non possunt esse testes.

Ita, propter notam et infamiam vitæ suæ, testimonio arcentur : qui ob repetundarum crimen, vel ob carmen famosum judicio publico damnatus erit; neque solum damnatus sed etiam judicio publico reus; item, qui in vinculis, custodiave publica erit; quæve palam quæstum faciet feceritve; vel qui propter turpitudinem senatu motus, nec restitutus.

---

1. Domat., L. 3 , tit. 6 , De testibus.
2. L. 16, D. , De probat.

Judæorum et hæreticorum testimonium adversus orthodoxos non recipitur. [1]

Theodosius dixit: Episcopum ad testimonium dicendum admitti non decet [2]. Reliqui vero Clerici recte adhibentur. Ex novella autem 123, cap. 7. Nulli judicum licebit, Deo amabiles Episcopos cogere ad judicium venire pro exhibendo testimonio; sed judex mittat ad eos, quosdam ex personis ministrantium sibi, ut, præpositis sanctis Evangeliis, jurent et dicant quæ noverint.

Ubi numerus testium non adjicitur, etiam duo sufficient. Pluralis enim elocutio, duorum numero contenta est [3]. Unius autem responsio non audiatur, etiamsi præclaræ curiæ honore præfulgeat. [4]

Testes coram judici testimonium perhibere debent, si quidem in urbe habitent; si vero non adfuerint, mittuntur ad eos procuratores partium, ut apud eos deponant quæ noverint, vel dejerent quæ ignorant. [5]

Si in alia provincia fuerint, audiuntur apud præsidem hujus provinciæ, aut defensorem civitatis, mittunturque acta ad judicem apud quem lis pendet.

Debet judex damnare partes in sumptus testium competentes. [6]

---

1. L. 21, C., De hæret. et manech.
2. L. 7, C., De episc. et cler.
3. L. 12, D., De testibus.
4. L. 9, C., De testibus.
5. L. 16, C., De testibus.
6. L. 11, C., De testibus.

DROIT CIVIL FRANÇAIS.

DE LA PREUVE TESTIMONIALE.

(Code Napoléon, liv. 3, tit. 3, sect. 2, art. 1341 à 1348.)

INTRODUCTION.

§. 1.er *De la preuve en général.*

On entend généralement par preuve tout ce qui persuade l'esprit d'une vérité; mais en justice on appelle preuves, les manières réglées par les lois pour découvrir et pour établir la vérité d'un fait contesté. (Domat, liv. 3, Des preuves.)

Le Droit français reconnaît six espèces de preuves : la preuve littérale, la preuve testimoniale, les tailles, les présomptions, l'aveu et le serment.

§. 2. *Historique de la preuve testimoniale en France.*

La preuve testimoniale paraît avoir joui de la plus grande faveur dans les premiers temps de la monarchie française, et avoir été préférée même à la preuve littérale. De là cette formule : *témoins passent lettres*. Cela se conçoit dans ces temps reculés où l'ignorance de l'écriture était presque générale, où l'on se faisait un point d'honneur de ne savoir ni lire ni écrire, et où il était d'usage de faire assister des enfants à la conclusion d'actes importants, et de les frapper ou de leur tirer les oreilles, afin qu'ils en gardassent le souvenir jusque dans leur extrême vieillesse [1]. Au reste, ce mode d'arriver à la vérité était bon pour des hommes loyaux, francs et de mœurs primitives. Mais quand la corruption eût augmenté l'intérêt, ce puissant mobile des actions humaines, vint exercer sa fatale influence sur la preuve testimoniale, et on vit des témoins avilis et stipendiés mentir à la vérité comme à leur conscience, en face de la justice. Tant que l'art d'écrire ne se fut pas répandu, il était impossible de songer à restreindre la preuve testimoniale malgré ses dangers. Ce ne fut qu'en 1539 que l'ordonnance de Villers-Cotterêts prescrivit pour la première fois : « La tenue de registres en forme de preuve des baptêmes, contenant le jour et l'heure de la nativité, pour servir à prouver le temps de majorité ou minorité, et faire pleine foi à cette fin ; » et bientôt après le fameux adage « témoins passent lettres, » admis pendant tant de siècles, fut remplacé par un autre tout opposé, « lettres passent témoins. » En 1566, le désordre, provenant de la multiplicité des faits allégués par les parties, était arrivé à un tel point qu'il n'y avait plus moyen de rendre la justice. Alors les parlements, et à leur tête le fameux chancelier de l'Hospital, las enfin de voir triompher partout la mauvaise foi et l'injustice, envoyèrent des députés au roi Charles IX, et, à force de plaintes, lui firent signer la fameuse ordonnance de Moulins.

Cette ordonnance est conçue en ces termes : « Pour obvier à la « multiplication des faits que l'on a vus ci-devant être mis en avant « en jugement, sujets à preuve de témoins, et reproches d'iceux,

___

1. Bélime.

« dont adviennent plusieurs inconvénients et involutions de procès ,
« avons ordonné et ordonnons que dorénavant de toutes choses excé-
« dant la somme ou valeur de cent livres, pour une fois payer, seront
« passés contrats pardevant notaire et témoins, par lesquels contrats
« seulement sera faite et reçue toute preuve desdites matières , sans
« recevoir aucune preuve par témoins, contre le contenu audit con-
« trat, ni sur ce qui serait allégué avoir été dit ou convenu avant
« icelui, lors et depuis, en quoi n'entendons exclure les conventions
« particulières et autres, qui seraient faites par les parties sous leurs
« seings, sceaux et écritures privés. » Un pas énorme était fait. Cette
innovation si importante dans la législation avait été accueillie comme
un bienfait signalé par toutes les personnes livrées à l'étude et à la
pratique des lois; mais en portant une prohibition trop absolue,
l'ordonnance n'avait pas fermé tout accès à la fraude et fait disparaître
tous les dangers. Il ne fallait pas qu'elle s'appliquât, 1.º aux affaires
commerciales, car elle gênait la rapidité nécessaire aux transactions
qui les concernent; 2.º il fallait une exception dans le cas d'un commencement de preuve par écrit; 3.º dans le cas du dépôt nécessaire, etc.

Cette lacune fut comblée par l'ordonnance de 1667, qui, tout en
reproduisant la disposition de l'édit de 1566, ajouta les modifications dont l'expérience avait fait connaître la nécessité. Cette ordonnance de 1667 a servi de base à son tour aux articles du Code Napoléon sur la preuve testimoniale.

§. 3. *Notions générales sur la preuve testimoniale.*

Avant de me livrer à l'examen des articles du Code, j'ai cru devoir présenter quelques idées générales sur la preuve par témoins en
matière civile.

La preuve par témoins est fondée sur la double présomption que
le témoin est parfaitement renseigné, et que non-seulement il n'a

pas été trompé sur les faits qu'il atteste sous le sceau du serment mais principalement qu'il ne veut pas tromper la justice. Puisque le témoin peut tromper le juge, il suit de là que celui-ci a et doit avoir toute latitude pour peser les dépositions des témoins et décider si la preuve qu'il a admise est faite ou ne l'est pas.

La proposition de la preuve testimoniale donne lieu à deux questions, une question de droit et une question de fait.

1.° La preuve testimoniale est-elle admissible ?

2.° Les faits que l'on offre de prouver sont-ils pertinents, concluents et relevants ? La première question, celle de savoir si, dans telle ou telle hypothèse, la loi autorise ou rejette la preuve testimoniale, est une question de droit dont la solution erronée donne ouverture à cassation. Au contraire, la seconde, celle de savoir si la preuve testimoniale offerte est ou non pertinente, n'est, en général, qu'une question de fait, dont la solution est laissée à la prudence du juge.

Le juge ne doit former sa conviction, qu'en voyant si les faits attestés sont possibles et vraisemblables, en confrontant entre elles les dépositions des différents témoins, et surtout en faisant attention à leur moralité, leur position sociale, le degré de confiance qu'ils inspirent et à une foule d'autres circonstances qu'il serait impossible d'énumérer.

Les règles sur les qualités physiques et légales que doivent posséder les témoins, et sur les causes en vertu desquelles il est permis de les reprocher, rentrant plutôt dans le domaine de la procédure que dans celui du Droit civil, nous nous abstiendrons de les énumérer.

Pour que la déposition d'un témoin amène la conviction dans l'esprit du juge, il faut qu'elle porte sur des faits que le témoin a vus ou entendus lui-même, et qu'elle soit énoncée en termes positifs et non incertains. Ce n'est pas son jugement qu'on lui demande, mais bien les faits qui sont à sa connaissance. Il peut aussi déposer *de auditu*, c'est-à-dire, indiquer ce que des personnes dignes de foi lui ont révélé; mais il doit désigner ces personnes, afin que le juge puisse ou les entendre, s'il le juge convenable, ou au moins apprécier le degré de confiance qu'elles méritent. Cette preuve *de auditu* prend quelquefois le nom de preuve par *commune renommée*. Dans ce cas, elle n'est en général admissible que pour établir la consistance d'un mobilier non inventorié, contre celui qui était chargé d'en faire faire l'inventaire; mais elle est toujours recevable en pareille circonstance, lors même que la loi ne l'aurait pas formellement autorisée. (Art. 1415, 1442, 504, 600 du Cod. Nap.)

La défense d'admettre la preuve testimoniale, hors les cas prévus par la loi, est d'ordre public, c'est-à-dire, que le juge peut et même doit la refuser d'office, malgré le consentement des parties. En outre, le juge n'est pas lié par le jugement par lequel il a admis la preuve testimoniale. Si, après l'enquête, il reconnaît que la preuve testimoniale n'était pas admissible, il peut juger sans avoir égard aux dépositions des témoins.

L'ancienne règle *testis unus, testis nullus*, a été rejetée avec raison par notre législation nouvelle, tant en matière civile qu'en matière criminelle; car souvent la déposition d'un seul témoin mérite infiniment plus de confiance que le témoignage de plusieurs.

Il y a en Droit deux ordres de faits : les faits juridiques et les faits matériels.

Un fait juridique est tout fait qui peut entraîner une obligation, créer ou éteindre un droit.

Un fait matériel, au contraire, n'engendre de sa nature ni droit ni obligation; il n'en produit qu'autant qu'il se rattache à certains rapports juridiques. Ainsi, par exemple, la culture d'un champ n'est qu'un fait pur et simple, qui ne produit par lui-même que des résultats matériels. Mais ce fait matériel peut, en raison des circonstances dans lesquelles il a eu lieu, entraîner des conséquences juridiques. C'est ainsi que, lorsqu'il a été exercé par une personne autre que le propriétaire, mais avec bonne foi et à titre de propriétaire, il peut donner lieu à l'acquisition des fruits et constituer les éléments d'une possession utile à l'usucapion.

Les faits matériels peuvent en général être prouvés par témoins, quelle que soit la valeur de la contestation, dans laquelle il s'agit d'en établir l'existence : « cela tient, dit M. Jaubert, dans son rapport au « tribunat, à ce que les faits matériels, presque toujours instantanés « et presque toujours l'ouvrage d'un seul, ne peuvent être constatés par « des écrits. » Il n'y a guère d'exception à ce principe qu'en matière d'état civil et de filiation.

Quant aux faits juridiques, ils ne peuvent, en général, être prouvés par témoins qu'autant que leur objet ne dépasse pas 150 fr. Mais il y a de nombreuses exceptions à ce principe, comme nous le verrons lors de la discussion des articles.

Maintenant que nous arrivons à l'examen des articles du Code, nous avons cru devoir suivre la marche qu'il a adoptée. Dans une première division, nous développerons les principes qui régissent la preuve testimoniale, et dans une seconde nous exposerons les exceptions à ces principes.

PREMIÈRE DIVISION.

Principes qui régissent la preuve testimoniale.

L'article 1341 pose deux principes :

1.º Qu'il doit être rédigé un écrit pour tout fait juridique qui intéresse pécuniairement une personne pour plus de 150 fr.

2.º Qu'on ne peut apporter par la preuve testimoniale aucune modification aux énonciations d'un écrit.

PREMIER PRINCIPE.

Il doit être passé acte devant notaires ou sous signature privée, de toutes choses excédant la somme ou valeur de 150 francs.

En portant à 150 fr., au lieu de 100 livres, la somme pour laquelle la preuve testimoniale est prohibée, le Code, plus sévère que l'ordonnance de 1667, ne s'est pas conformé à la proportion rigoureuse de la valeur des espèces à ces deux époques. « Mais, d'une part, les cir- « constances morales n'étaient pas propres à encourager le législateur « à donner plus de latitude à la preuve testimoniale; de l'autre, l'usage « de l'écriture était devenu plus familier.« (Rapport de M. Jaubert au tribunal.)

Quand l'article 1341 ordonne de rédiger un écrit pour tout fait juridique présentant un intérêt de plus de 150 fr., cela ne signifie pas que l'écrit soit nécessaire comme condition de validité, et que sans lui le fait resterait sans valeur légale. La pensée de l'article est que l'écriture est simplement exigée comme moyen de preuve. *Requiritur scriptura ad probationem tantum, non ad solemnitatem.* Toutefois, il est bien entendu que cette règle reçoit exception dans tous les cas où la loi exige l'écriture comme une solennité nécessaire, soit à l'existence ou à la validité entre les parties d'un acte juridique, soit à son efficacité à l'égard des tiers (art. 334, 931, 969, 1250, 1394, 1690, 2074, 2075, 2127, Code Nap.).

Ponr savoir si la limite pécuniaire, au delà de laquelle la preuve testimoniale n'est plus admise, se trouve ou non dépassée, il ne faut pas considérer le montant de la demande que forme le réclamant, mais bien le quantum réel et intégral de la valeur de l'objet qui forme la matière du fait contesté. Si l'objet réclamé est tout autre chose que de l'argent, le juge doit en déterminer la valeur, soit par lui-même, soit au moyen d'une estimation d'experts, s'il en sent la nécessité. Il ne devrait pas s'en rapporter à l'estimation donnée par les conclusions du demandeur, si l'évaluation était arguée d'inexactitude par l'adversaire.

Développement du premier principe. La loi, afin d'éviter les procès et aussi dans la crainte de la subornation des témoins, veut que toute opération, dont l'objet excède 150 fr., soit constatée par écrit, sans quoi on n'est pas admis à en faire la preuve par témoins.

De ce principe découlent deux idées :

Première idée. *Le témoignage est inadmissible dès que l'objet de la convention a été supérieur à 150 fr., l'objet de la demande fût-il inférieur à cette somme.*

De là il suit :

1.° Que celui qui a formé une demande excédant 150 fr., ne peut plus être admis à la preuve testimoniale, même en restreignant sa demande, à moins qu'il ne prouve au préalable que les conclusions primitivement prises ne soient le résultat d'une erreur de fait. En réclamant plus de 150 fr., le demandeur, qui ne justifie pas sa demande par écrit, avoue par là-même qu'il n'a pas obéi aux prescriptions de la loi; il doit subir la peine de sa faute. C'est vainement qu'il abaisse sa prétention au chiffre de 150 fr. Sa renonciation à une partie de sa prétention ne peut pas faire qu'il n'ait été en faute au moment du contrat (art. 1343, Code Nap.).

2.° Que la demande d'une somme moindre de 150 fr. ne peut pas être prouvée par témoins, s'il ressort, soit des déclarations du demandeur, soit des dépositions des témoins que cette somme est le reliquat ou fait partie d'une créance supérieure à ce taux (art. 1344, Code Nap.). Mais supposons avec Pothier, n.° 756, qu'un créancier, en demandant une somme de 50 fr. comme lui restant due sur celle primitive de 200 fr., offre de prouver que le débiteur, en payant les 150 francs d'à-compte, a promis d'une manière formelle et spéciale de payer les 50 fr. restants, que devra faire le juge? Devra-t-il admettre ou rejeter la preuve testimoniale?

Pothier lui-même nous l'indique. « Cette promesse est une nouvelle « convention confirmative de la première, et l'objet de cette nouvelle « convention n'excédant pas cent livres, rien n'empêche que la preuve « testimoniale ne puisse être admise. »

Il est hors de doute aussi, que si, lors du payement d'à-compte, le créancier remettait son titre au débiteur, et se contentait de sa promesse verbale pour la somme restant due, alors cette somme formerait une nouvelle créance, pour laquelle la preuve testimoniale serait admissible, suivant l'importance de la somme. Ce cas rentrerait dans celui de Pothier.

SECONDE IDÉE. *La preuve testimoniale est inadmissible dès que l'objet de la demande est supérieur à 150 fr., eût-il été, dans l'origine, inférieur à cette somme.*

De là résulte :

1.° Que la preuve testimoniale n'est pas admissible dès que l'action contient, outre la demande du capital, une demande d'intérêts qui, réunis au capital, excèdent la somme de 150 fr. Mais il est bien entendu qu'on ne doit ajouter au capital que les intérêts échus au moment où la demande en justice se forme, et non ceux qui échoient dans le cours de l'instance (1342).

2.° Que la preuve testimoniale est inadmissible pour l'ensemble et pour chacun des droits que l'on a contre une même personne, lorsque ces droits, inférieurs séparément à 150 fr., excèdent ce chiffre par leur réunion, à moins que ces droits ne soient provenus de diverses personnes, par succession, donation ou autrement, ou qu'ils ne soient de ceux que la loi soustrait à la prohibition de la preuve par témoins. (Art. 1345, C. Nap.)

Rien ne serait plus facile, on le conçoit, que d'éluder la règle, (que les créances au-dessous de 150 fr. ne se prouvent pas par témoins, lorsque jointes ensemble, elles excèdent le chiffre légal), s'il était permis au créancier de former autant de demandes distinctes et séparées qu'il a de créances; mais la loi a su prévenir cette fraude à ses prescriptions. Elle déclare, à cet effet, que « toutes les demandes, à quelque titre « que ce soit, qui ne seront pas entièrement justifiées par écrit, devront « être formées par un même exploit, après lequel les autres demandes, « dont il n'y aura pas de preuve par écrit, ne seront point reçues. » Ainsi, je vous ai vendu une montre pour 50 fr., un autre meuble pour 40 fr., puis je vous ai prêté 50 fr.; ces trois créances réunies donnent 140 fr. La preuve testimoniale est admissible. Mais si je vous prête encore 20 fr., je dois faire constater par écrit ce nouveau prêt;

autrement toutes mes créances seraient compromises ; réunies, elles dépassent 150 fr.; aucune d'elles ne pourrait être prouvée par témoins.

Si, étant créancier d'une somme inférieure à 150 fr., je deviens héritier d'une personne, à laquelle mon débiteur doit une somme également inférieure à 150 fr., je puis prouver par témoins, bien que réunies, elles dépassent le chiffre légal, chacune de mes créances, celle que j'ai de mon chef, et celle que j'ai acquise par succession. La raison est que, ces créances ayant appartenu à plusieurs personnes, chacune de celles-ci pouvait négliger de faire constater la sienne par écrit.

Mais si, par succession, je deviens créancier d'une personne pour 100 fr., et que je prête ensuite 100 fr. à cette même personne, la preuve testimoniale sera-t-elle admise pour prouver ces deux créances ? Non, parce que la seconde créance se réunissait de plein droit à la première, tellement que, les deux créances réunies excédant 150 fr., il y avait lieu de les constater par écrit, en exécution de la loi. Toutefois, il en serait autrement si la succession, dans laquelle se trouve la première créance, était bénéficiaire, parce qu'alors l'héritier ne confondrait pas les biens de la succession avec les siens propres.

S'il se trouve dans une succession, contre une même personne, plusieurs créances non constatées par écrit qui, réunies, excèdent 150 fr., et que, par l'effet d'un partage, elles soient attribuées divisément à plusieurs des cohéritiers, de manière que la créance de chacun ne soit que de 150 fr. ou au-dessous, ces héritiers ne peuvent pas demander à prouver par témoins les créances à eux échues, parce que leur auteur, que chacun d'eux représente, ne l'aurait pu, et que ses héritiers ne peuvent avoir un mode de preuve qu'il n'aurait pas eu lui-même.

En résumé, lorsque plusieurs créances actuellement réunies sur une même tête procèdent de différentes personnes, chacune de celles, dont le chiffre ne dépasse pas 150 fr., peut être prouvée par témoins; il en est de même de celles qui sont nées de différentes causes au profit de la même personne, si, réunies, elles n'excèdent pas la même somme. Mais, dans l'une et l'autre hypothèse, le créancier ne peut pas former

successivement des demandes distinctes et séparées pour chacune de
ses créances; il doit toutes les comprendre dans le même exploit, sous
peine de voir rejeter celles qui n'y figureront point. Cette déchéance
est d'ordre public, c'est-à-dire, qu'elle peut, et même doit être prononcée d'office par le juge. « Toutes demandes, dit la loi, à quelque
« titre que ce soit, qui ne sont pas entièrement justifiées par écrit,
« doivent être formées par le même exploit. » L'article 1346 est formel
à cet égard; il ne distingue pas entre les créances qui ne peuvent,
et celles qui peuvent être prouvées par témoins. La règle qu'il con-
sacre n'a pas seulement pour objet de sanctionner la prohibition de
la preuve testimoniale; elle a aussi pour but d'économiser les frais,
en diminuant le nombre des enquêtes et des procédures. Elle s'applique donc à tout créancier qui a contre la même personne plusieurs créances actuellement existantes; mais il faut que les créances
soient existantes, et ne soient pas nées après l'introduction de l'action,
car il serait absurde d'exiger qu'on mît au nombre de ses demandes
celle d'un droit qu'on n'a pas, et dont on ne soupçonne peut-être
même pas l'existence future.

_ Ce que nous disons des droits qui n'étaient pas nés lors de la première action, s'étend-il à ceux dont l'exigibilité seulement n'était pas
encore arrivée? Oui, en ce sens du moins que le demandeur est tenu
d'indiquer, dans l'exploit contenant la réclamation des créances actuellement exigibles, le montant de celles, qu'à raison de leur inexigibilité
actuelle, il se réserve de réclamer ultérieurement, afin que le juge
puisse prendre en considération la valeur réunie des unes et des
autres, et résoudre la question de savoir si la preuve testimoniale est
ou non admissible. Cette opinion résulte évidemment de l'esprit de
l'art. 1345, qui veut que le créancier de plusieurs sommes, dont
l'ensemble excède 150 fr., soit tenu de se procurer une preuve littérale de l'excédant, sous peine de voir rejeter la preuve testimoniale
pour le tout. L'on ne comprendrait pas, en effet, que la circonstance
purement accessoire et accidentelle de l'inexigibilité actuelle d'une

créance, pût avoir pour résultat de soustraire le créancier à l'obligation qui lui est imposée par la loi. (MM. Aubry et Rau, vol. 5, §. 762.)

SECOND PRINCIPE.

Il n'est reçu aucune preuve par témoins *contre* et *outre* le contenu aux actes, ni sur ce qui est allégué avoir été dit *avant, lors* ou *depuis les actes*, encore qu'il s'agisse d'une somme ou valeur moindre de 150 francs.

En d'autres termes, on ne peut apporter par la preuve testimoniale aucune modification aux énonciations d'un écrit. C'eût été ouvrir la porte aux procès que de permettre de combattre la preuve littérale par la preuve testimoniale.

Il faut considérer comme des modifications non susceptibles d'être prouvées par témoins, tous changements ou additions dont le résultat serait d'augmenter ou de diminuer, d'étendre ou de restreindre les droits et obligations des parties, tels qu'ils sont établis par l'acte instrumentaire. Ainsi, lorsqu'un acte renferme que la dette portera intérêt, le débiteur ne pourra jamais prouver par témoins qu'il n'en a pas promis. Ce serait prouver *contre* le contenu de l'acte. Pareillement, prouver que des intérêts ont été stipulés lorsque l'acte n'en fait pas mention, serait prouver *outre* le contenu.

Mais est-ce demander à prouver *contre* l'acte que demander à prouver que la dette, qui y est relatée, a été éteinte? Ainsi l'emprunteur pourra-t-il établir l'extinction d'une dette constatée par écrit, en prouvant qu'il a rendu la somme prêtée? En d'autres termes, sera-t-on admis à prouver par témoins une remise de moins de 150 fr. faite depuis l'acte? Oui, car on n'attaque pas l'acte. L'allégation du payement vient à l'appui du prêt, loin d'aller contre le contenu de l'acte. On soutient seulement qu'il a été établi une autre convention, pour la constatation de laquelle la loi admet la preuve testimoniale.

Ce ne serait pas vouloir modifier l'écrit que de discuter sur le sens et la portée que présente telle clause plus ou moins obscure, telle expression plus ou moins vague. Par conséquent, on peut entendre des témoins pour se renseigner sur certaines circonstances de nature à faire comprendre la véritable pensée de l'acte. Autre chose est d'arriver, même par le témoignage, à savoir quel est le sens ou l'étendue d'un terme ou d'une phrase, autre chose d'arriver par ce témoignage à des idées différentes de celles que cette phrase présente. Il est donc permis de recourir à des témoins pour l'interprétation d'un écrit, pourvu qu'on ne fasse qu'une interprétation. Ainsi, par exemple, quand l'acte d'acquisition d'un domaine ne précise pas les différentes terres qui le composent, et ne les désigne que collectivement par ces mots : « *Le domaine de.... avec toutes ses dépendances.* » On pourra fort bien entendre des témoins sur le point de savoir si telle pièce de terre est ou n'est pas une dépendance du domaine.

Une dernière observation au sujet de la prohibition de la preuve testimoniale *contre* et *outre* le contenu des actes, c'est qu'elle ne concerne que les seules parties ou leurs représentants, et non les tiers qui ne peuvent pas être lésés par des actes auxquels ils sont étrangers; si ces actes leur faisaient préjudice, s'ils étaient faits en fraude de leurs droits, ils pourraient les attaquer par tous les moyens légaux, et même par la preuve testimoniale, s'il s'agissait de dol et de fraude. Ainsi, un acte porte que mon père a vendu sa maison à mon frère, moyennant la somme de 20,000 fr., *qui ont été payés comptant.* Je puis prouver par témoins que cet acte est mensonger, qu'il cache une donation sous l'apparence trompeuse d'une vente; en d'autres termes, que le payement du prix, qui y est relaté, n'a pas eu lieu. Si je fais cette preuve, mon frère sera tenu de rapporter à la succession de notre père la maison qu'il détient à titre de donataire.

DEUXIÈME DIVISION.

Exceptions aux principes précédemment exposés.

Les principes qui viennent d'être développés plus haut, à savoir :
1.° que la preuve testimoniale n'est jamais admise pour un intérêt
juridique supérieur à 150 fr., et 2.° que même au-dessous de ce chiffre
elle n'est pas admissible *contre* ni *outre* le contenu aux actes, — reçoivent
exception dans plusieurs cas : 1.° en matière de bail, de transaction et
d'antichrèse ; 2.° en matière commerciale ; 3.° quand il existe un commencement de preuve par écrit ; 4.° quand on n'a pu se procurer un
écrit ; 5.° quand on n'a pu conserver celui qu'on s'était procuré.

Nous allons développer successivement toutes ces exceptions.

PREMIÈRE EXCEPTION.

En matière de bail, de transaction et d'antichrèse.

1.° Quand un bail est verbal et qu'il y a contestation sur son existence ou sur son prix, les parties, nous disent les articles 1715 et
1716 du Code Napoléon, contrairement au Droit commun , n'ont pas
la ressource de la preuve testimoniale, lors même que le prix du
louage est inférieur à 150 fr. La loi a craint que l'admission de cette
preuve n'engendrât une foule de petits procès. Chacune des parties peut
seulement faire interroger l'autre sur faits et article , ou lui déférer
le serment décisoire. Il y a même des auteurs qui prétendent que
l'existence du bail ne peut non plus être prouvée par témoins quand
il existe un commencement de preuve par écrit, parce que, disent-ils,
l'art. 1715 ne fait aucune distinction : sa prohibition est absolue.

2.° Quant au contrat de transaction, la preuve n'en peut être faite
par témoins même au-dessous de 150 fr., et quand il existerait un
commencement de preuve par écrit. Néanmoins il en serait autrement,

3

si les parties avaient été dans l'impossibilité de dresser un écrit ou de conserver l'écrit dressé. Si l'article 2044 du Code Napoléon s'est montré si sévère, c'est parce que, la transaction ayant pour but de prévenir ou terminer un procès, c'eût été risquer d'en faire naître un nouveau que d'en subordonner l'effet aux résultats de la preuve testimoniale.

3.º La preuve testimoniale n'est pas non plus admise en matière d'antichrèse, même pour un intérêt n'excédant pas 150 fr.; car, dit l'article 2085 : « L'antichrèse ne s'établit que par écrit. » Toutefois ici, comme pour la transaction, l'écrit n'est pas exigé *ad solemnitatem,* comme un élément constitutif du contrat, mais *ad probationem,* comme simple moyen de preuve.

DEUXIÈME EXCEPTION.

En matière commerciale.

Les opérations commerciales sont tellement rapides et multipliées, qu'il y aurait souvent inconvénient, et même impossibilité d'exiger des actes écrits pour les constater; et puis, comme la bonne foi doit être l'âme du commerce, le législateur a dû poser cette règle générale, qu'on peut, en matière commerciale, prouver par témoins : 1.º un intérêt excédant 150 fr.; 2.º au-dessus comme au-dessous de ce chiffre, *outre* et *contre* les énonciations d'un écrit, soit sous seing privé, soit authentique. Seulement, pour pouvoir combattre par la preuve testimoniale les énonciations d'un acte authentique, il faut, au préalable, s'inscrire en faux contre cet acte. Cette règle générale, telle que je viens de la poser, n'est pas formulée aussi nettement par le Code; mais elle me paraît résulter de la combinaison des articles 109, 139 à 141, 195, 273, 311 et 332 du Code de commerce avec l'article 1341 du Code Napoléon. Ainsi, en matière de commerce, le juge jouit du pouvoir discrétionnaire le plus étendu pour recevoir ou rejeter la preuve testimoniale, c'est-à-dire qu'il peut faire usage de ce moyen de preuve chaque fois que la loi ne le lui interdit pas, soit expressément soit implicitement.

TROISIÈME EXCEPTION.

Quand il existe un commencement de preuve par écrit.

Qu'est-ce qu'un commencement de preuve par écrit ? — « *C'est tout acte par écrit qui est émané de celui contre lequel la demande est formée, ou de celui qui le représente et qui rend vraisemblable le fait allégué.* » Cette définition comporte trois points que nous allons successivement examiner (Art. 1347, Cod Nap.).

1.° *Il faut un écrit.* Ainsi tous écrits, ne fussent-ils même que des notes jetées sur une feuille volante, peuvent former un commencement de preuve par écrit; à plus forte raison, les registres et papiers domestiques, les notes mises en marge d'un acte instrumentaire, les lettres missives, etc.

2.° *Il faut que l'écrit émane de celui à qui on l'oppose.* Mais quand l'écrit émanera-t-il de celui à qui on l'oppose ? Il émanera de lui quand les lignes auront été tracées de sa main, ou quand il aura simplement signé l'acte, ou même encore quand il n'aura ni écrit ni signé l'acte, mais que l'acte sera authentique et aura sa valeur indépendamment de la signature de cette personne. Ainsi, supposons un acte notarié auquel vous êtes intervenu sans le signer, parce vous ne saviez ou ne pouviez signer; eh bien cet acte pourra constituer un commencement de preuve par écrit. Il en est de même d'un procès-verbal d'interrogatoire sur faits et articles, etc.

Mais si l'acte, qui n'est ainsi ni écrit ni signé de la personne, était nul, soit pour vice de forme, soit pour incompétence ou incapacité de l'officier rédacteur, il est clair que cet acte ne pourrait former un commencement de preuve par écrit, parce que, d'un côté, il n'a été ni écrit ni signé de la personne à laquelle on l'oppose, et que de l'autre, la loi ne commande plus d'ajouter foi aux énonciations du fonctionnaire.

Un acte sous seing-privé, dont la signature est méconnue, peut-il servir de commencement de preuve par écrit? Évidemment non. Il ne pourra avoir cet effet qu'après vérification judiciaire. Il existe bien, il est vrai, un document écrit, mais ce document est reprouvé par son auteur présumé, et, tant que la vérification n'est pas faite, rien ne prouve qu'il émane réellement de lui.

Il est bien évident, au reste, que la personne à laquelle l'acte est opposé, n'a pas besoin d'être physiquement celle de laquelle il est émané; ici, comme partout, l'héritier ne fait légalement qu'un avec son auteur, et le mandant est légalement la même personne que son mandataire.

3.° *Il faut que l'écrit rende vraisemblable le fait allégué.* Supposons, par exemple, une vente sous seing-privé faite par Pierre à cinq acheteurs solidaires, mais signée seulement par trois de ces acheteurs. L'une des parties pourra-t-elle se prévaloir de cet écrit pour être admise à prouver par témoins que la vente a eu lieu? Non, parce qu'il n'est ni certain, ni vraisemblable que Pierre ait consenti vendre seulement aux trois personnes qui ont signé : c'est peut-être par la présence de l'un de ceux qui ont refusé d'accéder au contrat, qu'il se décidait à aliéner. De même, la signature des trois autres parties prouve bien leur consentement d'acheter en commun à cinq; mais elle ne rend ni certaine ni vraisemblable la volonté d'acheter à trois.

Au contraire, le billet signé et auquel il ne manque, pour faire preuve entière, que d'être revêtu du *bon* ou *approuvé*, forme évidemment le commencement de preuve autorisant le témoignage, et rend vraisemblable l'allégation de la personne à laquelle on l'oppose.

Cette vraisemblance, et dès lors le commencement de preuve par écrit, existe encore dans l'acte privé qui, énonçant une convention synallagmatique, a été signé par toutes les parties, mais n'a pas été fait double, comme le veut l'article 1325. Ce point, au reste, est très-controversé et par les auteurs et par la jurisprudence.

Ce serait une erreur que de regarder les expressions de l'article 1347 comme limitatives. Ainsi le Code lui-même présente quelques textes, où il considère certains écrits comme devant servir de commencement de preuve, sans être rigoureusement émanés de la personne à laquelle on les oppose (Art. 1320, 1335, n.^{es} 2 et 3 et 1336, Code Nap.).

La question de savoir si tel écrit peut être légalement considéré comme émané de la personne à laquelle on l'oppose, est une question de Droit, dont l'examen rentre dans les attributions de la Cour de cassation.

Au contraire, la question de savoir si l'écrit invoqué comme commencement de preuve par écrit, et émané de celui auquel on l'oppose, rend ou non vraisemblable le fait allégué, est une question de fait entièrement abandonnée à l'appréciation des tribunaux.

QUATRIÈME EXCEPTION.

Quand on n'a pu se procurer un écrit.

« A l'impossible nul n'est tenu. » Tel est le principe que la loi, d'accord avec la raison, a exprimé dans l'article 1348. En effet, cet article, premier alinéa, nous dit d'une manière absolue qu'il y a lieu à la preuve orale *toutes les fois qu'il n'a pas été possible de se procurer une preuve littérale.* Mais il ne faudrait pas croire que les 1.º, 2.º et 3.º voulussent limiter ou restreindre la règle posée par le premier alinéa. Ils ne sont là qu'à titre d'exemples; d'où il suit que le juge, dans l'application de l'article, devra plutôt consulter l'esprit de la loi, que les différents cas énumérés dans cette série de numéros. Ainsi, bien que le 1.º parle des quasi-contrats absolument et sans distinction, la preuve testimoniale ne sera pas admise pour le quasi-contrat, où il y a eu possibilité d'avoir une preuve écrite. De même, quand il y aura vraiment impossibilité d'avoir un écrit, le témoignage sera admissible, quoiqu'on ne soit pas dans un des cas de détail indiqués par l'article 1348. Nous dirons donc, pour nous résumer, que toutes les fois qu'il y aura impossibilité soit physique, soit morale de se procurer un écrit, la preuve testimoniale sera admise. Nous allons maintenant entrer dans le détail des 1.º, 2.º et 3.º

1.º L'exception posée par l'article 1348 s'applique en premier lieu aux quasi-contrats, délits et quasi-délits.

Ce n'est pas à tous les quasi-contrats absolument, et en tant que quasi-contrats, que l'exception s'applique; c'est seulement à la plupart des quasi-contrats et en tant qu'il y a eu pour le réclamant impossibilité d'avoir une preuve littérale. Ainsi, prenons pour exemple le quasi-contrat connu sous le nom de *gestion d'affaires* (art. 1372, Code Nap.). S'il est vrai que le maître doive être admis à prouver par témoins l'existence du quasi-contrat, il n'en est pas toujours de même pour le *negotiorum gestor;* car, si le premier a été dans l'impossibilité de se procurer une preuve écrite de la gestion, la même impossibilité peut n'avoir pas existé pour le second. Supposons que mon *negotiorum gestor* soutienne avoir payé 500 fr. à mon créancier et me demande de lui rembourser ces fonds : faudra-t-il l'admettre à faire preuve de ce fait par témoins? Évidemment non; car rien ne lui était plus facile que de le faire constater par écrit. Que n'a-t-il retiré une quittance! — Et, quant au quasi-contrat appelé *payement de l'indû* (art. 1376), n'est-il pas évident que celui qui répète ce qu'il prétend avoir payé indûment, est en faute de n'avoir pas fait constater par une quittance le payement qu'il prétend avoir fait?

Pour les délits et quasi-délits, l'exception ne s'applique toujours qu'à l'impossibilité où se trouve la partie lésée de se procurer un écrit. Mais si l'allégation d'un délit implique celle d'un fait juridique, que ce délit présuppose, et qui devait être constaté par écrit, celui qui ne prouverait pas ce fait par écrit, ou par un commencement de preuve par écrit, ne pourrait pas prouver par témoins le délit lui-même. Ainsi, on ne serait pas admis à prouver par témoins un délit de violation de dépôt volontaire, si ce dépôt valait plus de 150 fr., et si la preuve littérale n'en était pas rapportée. En effet, l'allégation de la violation de ce dépôt implique deux idées : d'abord la formation d'un contrat, et puis la violation de ce contrat. Si la violation peut se prouver par témoins, d'après l'article 1348, il n'en est pas de même du contrat qui a dû être constaté par écrit. Ce que nous venons de dire de la violation de dépôt volontaire, s'applique exactement à l'abus de blanc-seing et à la violation de mandat.

La juridiction correctionnelle doit se conformer aux règles du Droit civil, relativement à la preuve testimoniale, lorsqu'elle est saisie de la connaissance d'un délit, consistant dans la violation d'une convention, dont il faut d'abord établir l'existence.

2.° De l'exemple tiré des quasi-contrats, délits et quasi-délits, la loi passe à celui des dépôts nécessaires.

On appelle *dépôts nécessaires* ceux qui sont faits sous l'empire de circonstances (incendie, ruine, inondation, tumulte, naufrage, etc.), qui ne laissent au déposant ni la liberté de ne pas faire le dépôt, ni la faculté de choisir le dépositaire, ni le temps, ni le moyen de dresser ou faire dresser une reconnaissance écrite du dépôt.

« *Le dépôt fait par les voyageurs en logeant dans une hôtellerie,* » doit être assimilé au dépôt nécessaire, bien qu'à la rigueur il n'y ait pas impossibilité absolue de se procurer un écrit, mais parce qu'il en résulterait une trop grande gêne, tant pour le voyageur que pour l'hôtellier. Il est bon de remarquer en passant que l'exception ne s'applique « qu'aux voyageurs logeant dans une hôtellerie, » et qu'elle serait sans application à des domiciliés non voyageurs. Au reste, comme l'exception, toute raisonnable qu'elle est, pourrait facilement donner lieu à des abus, la loi ne la pose pas d'une manière absolue, en ce sens du moins que le juge doive toujours admettre le témoignage. Il jouit, au contraire, du pouvoir discrétionnaire le plus étendu, pour admettre ou rejeter la preuve testimoniale en matière de dépôt nécessaire; car dit le 2.° : *le tout suivant la qualité des personnes et les circonstances du fait.*

3.° Quant aux obligations contractées en cas d'accidents imprévus, elles échappent, par leur nature même, à toute espèce d'analyse et d'énumération.

Nous nous contenterons de citer comme exemple un militaire qui, dans le *sauve qui peut* d'une déroute, partage sa bourse avec un camarade sans argent.

Il ne faut pas perdre de vue que dans tous ces cas il y a deux choses à prouver : 1.° le fait, la force majeure, qui a empêché de se procurer un écrit; 2.° l'obligation, le dépôt, le prêt, etc.

L'article 1348, avons-nous dit, a posé cette règle : que partout où il y a impossibilité soit physique, soit morale, de se procurer un écrit, la preuve testimoniale doit être admise. Eh bien, les cas d'erreur, de violence, de dol, de fraude et de simulation rentrent naturellement dans cette règle, bien qu'ils ne soient pas spécifiés par l'article; car il est de toute évidence que je n'ai pu, par exemple, me faire donner une reconnaissance écrite du dol que l'on a pratiqué envers moi, ou de la violence dont j'ai été victime. Mais si la preuve testimoniale est admise pour prouver l'erreur, le dol, la violence, etc., il ne faudrait pas croire qu'elle dût également être admise pour prouver, en cas de dénégation, l'existence du contrat provenant du dol ou de la violence; car si d'un côté on ne peut se faire donner une reconnaissance écrite du dol, de l'autre, on peut fort bien faire constater le contrat par écrit. Exemple : Si, par des menées quelconques, je vous amène à déposer chez moi sans écrit un sac de mille francs, et que je vienne plus tard à nier ce dépôt, vous ne serez pas admis à prouver par témoins l'existence du dépôt, car vous êtes en faute de ne vous avoir pas fait donner un écrit.

CINQUIÈME EXCEPTION.

Quand on n'a pu conserver l'écrit qu'on s'était procuré.

Après avoir parlé du cas où il a été impossible de se procurer un écrit, l'article 1348, n.° 4, arrive au cas où le créancier a perdu, par suite d'un cas fortuit, imprévu et résultant d'une force majeure, le titre qui lui servait de preuve littérale.

La preuve testimoniale n'est pas admissible, si le demandeur prétend simplement qu'il a perdu le titre qui constatait le droit qu'il réclame; il s'agit ici, en effet, non pas d'une perte quelconque, mais d'une perte occasionnée par un cas fortuit ou de force majeure. « Autrement, dit Pothier, les précautions de la loi eussent été illusoires, car il n'est pas plus difficile de suborner des témoins qui affirment avoir vu entre les mains du demandeur le titre qui constatait le droit qu'il réclame, que d'en suborner qui déclarent qu'ils ont vu compter l'argent. »

Ainsi, le demandeur qui conclut à la preuve testimoniale pour établir l'existence du droit qu'il réclame, par exemple, du prêt qu'il prétend avoir fait, doit prouver : 1.° qu'il a été victime d'un cas fortuit ou de force majeure, par exemple, d'un incendie, d'un pillage; 2.° que ses papiers ont péri, en tout ou en partie, par suite de ce cas fortuit; après quoi il est admis à faire entendre des témoins qui affirment avoir vu entre ses mains, avant l'incendie ou le pillage de sa maison, le billet qui lui servait de titre et dont ils rapportent la teneur, ou qui affirment, lorsqu'ils ne peuvent point rappeler la teneur de l'acte, avoir connaissance de la dette.

DROIT COMMERCIAL.

De la forme de procéder devant les Cours d'appel en matière commerciale (645-648, C. comm.).

(Loi du 3 mars 1840, articles 1 et 2.)

CHAPITRE PREMIER.

De quels jugements on peut appeler.

On entend par appel, le recours à un juge supérieur contre le jugement émané d'une juridiction inférieure. [1]

Il y a deux sortes d'appels : l'appel principal et l'appel incident.

L'appel principal est celui qui n'est précédé d'aucun autre. L'appel incident est celui qui s'interjette incidemment à un autre appel. Ainsi c'est uniquement la priorité du pourvoi qui distingue l'appel principal de l'appel incident.

Pour qu'un jugement soit sujet à l'appel, deux conditions sont requises :

1.º Qu'il ne soit pas rendu en dernier ressort ;

2.º Qu'il n'ait point acquis l'autorité de la chose jugée.

---

1. Carré, Lois de la procédure civile : De l'appel.

Première condition. Les tribunaux de commerce jugent en dernier ressort :

1.° Toutes les demandes dans lesquelles les parties justiciables de ces tribunaux, et usant de leurs droits, déclarent vouloir être jugées définitivement et sans appel ;

2.° Toutes les demandes dont le principal n'excède pas la valeur de 1500 francs ;

3.° Les demandes reconventionnelles ou en compensation, lors même que, réunies à la demande principale, elles excéderaient 1500 francs. Si l'une des demandes principale ou reconventionnelle s'élève au-dessus des limites ci-dessus indiquées, le tribunal ne prononcera sur toutes qu'en premier ressort.

Néanmoins il sera statué en dernier ressort sur les demandes en dommages-intérêts, lorsqu'elles seront fondées exclusivement sur la demande principale elle-même (Loi du 3 mars 1840, art. 1.ᵉʳ).

4.° Les demandes principales ou reconventionnelles dont la valeur n'excède pas 1500 fr., sont aussi jugées en dernier ressort, quand même le jugement serait qualifié en premier ressort et rendu à la charge d'appel ; car c'est toujours d'après le taux de la demande, et non d'après la qualification, bonne ou mauvaise, employée par les juges, qu'il faut déterminer s'il y a ou s'il n'y a pas matière à l'appel. (Loi du 3 mars 1840, art. 2.)

5.° L'appel est recevable, indépendamment du taux de la demande, toutes les fois que l'appel est fondé sur l'incompétence du tribunal alléguée par la partie condamnée. Si la Cour reconnaît le tribunal compétent, et si la demande est inférieure à 1500 francs, il est clair que l'appel a été interjeté mal à propos ; si, au contraire, le tribunal n'est pas reconnu compétent, il y a lieu d'infirmer sa décision, sans examiner si au fond elle était bien ou mal fondée ; alors la Cour d'appel pourra ou renvoyer l'affaire devant les juges compétents pour statuer en premier et en dernier ressort, ou même se la réserver à elle-même pour statuer sur le tout par une seule et même décision.

6.° L'appel n'est pas recevable en matière de faillite, dans les cas de l'article 583 du Code de commerce.

Deuxième condition. Un jugement acquiert force de chose jugée, et par conséquent n'est plus sujet à l'appel :

1.° Lorsque la partie condamnée a acquiescé au jugement, soit expressément, soit tacitement.

L'acquiescement est exprès, lorsqu'elle consent par un acte l'exécution du jugement, ou renonce à attaquer le jugement ;

Tacite, lorsque ses actes et sa conduite font supposer nécessairement son intention de se soumettre au jugement.

2.° Lorsqu'on n'a pas appelé dans le délai prescrit par la loi; cette déchéance est d'ordre public, c'est-à-dire que les juges peuvent la prononcer d'office, sans qu'elle soit demandée par les parties.

3.° Lorsque l'appel est périmé. L'appel est périmé quand les poursuites ont cessé pendant trois ans et que l'une des parties a demandé la péremption.

CHAPITRE II.

Délai de l'appel.

Le délai d'appel est de trois mois, excepté en matière de faillite, où il n'est que de quinze jours (art. 582, Cod. de comm.). Après avoir posé cette règle générale, l'article 645 du Code de commerce ajoute, que l'appel peut être interjeté le jour même du jugement. Cette dérogation au Droit commun tient à ce que les affaires commerciales ont besoin de célérité, et à ce que l'exécution provisoire, pour les jugements des tribunaux de commerce, est de droit, et n'a pas besoin d'être prononcée.

Néanmoins ceux qui demeurent hors de la France continentale, ont, pour interjeter appel, outre le délai général de trois mois, le délai des ajournements réglé par l'art. 73, Pr. civ.

Ceux qui sont absents du territoire européen de la France, pour service de terre ou de mer, ou employés dans les négociations extérieures pour le service de la République, ont, pour interjeter appel, outre le délai de trois mois, depuis la signification du jugement, le délai d'une année (art. 446, Pr. civ.). Si la mission est non authentique et contestée, la prorogation ne sera accordée qu'après que le gouvernement se sera expliqué par la voix du ministre dans le département duquel se placera la mission articulée.

CHAPITRE III.

De quelle époque court le délai d'appel.

Pour savoir à partir de quelle époque court le délai d'appel, il faut distinguer entre : 1.° les jugements contradictoires ; 2.° les jugements par défaut, et 3.° les jugements préparatoires.

1.° Si le jugement est contradictoire, le délai de l'appel court du jour de la signification à personne ou à domicile. (Art. 645, C. com.)

2.° S'il est par défaut, le délai court du jour où l'opposition n'est plus recevable (art. 645, C. com.). En ce qui concerne les jugements par défaut, cet art. 645 déroge à une règle longtemps admise dans l'ancienne jurisprudence française et puisée dans le Droit romain. Cette règle : *contumax non appellat*, consistait à refuser la voie d'appel à la partie défaillante qui n'avait pas formé opposition au jugement par défaut.

3.° S'il est préparatoire, l'appel ne peut être interjeté qu'après le jugement définitif, et conjointement avec l'appel de ce jugement. Par conséquent, le délai de l'appel ne courra que du jour de la signification du jugement définitif. (Art. 451, Pr. civ.)

L'appel est suspendu par la mort de la partie condamnée. (Art. 447, Pr. civ.)

Si la partie adverse s'était servie d'une pièce fausse, ou en avait retenu une décisive, les délais de l'appel ne courraient qu'à dater du recouvrement de la pièce ou du faux reconnu, c'est-à-dire, avoué par l'adversaire, ou juridiquement constaté, et encore, dans le premier cas, pour éviter des contestations, des incertitudes sur le point de départ du délai d'appel, la loi veut que la partie, qui invoque en sa faveur le recouvrement des pièces décisives retenues par l'adversaire, offre la preuve par écrit du jour ou les pièces ont été recouvrées. (Art. 448, Pr. civ.)

Tous les délais qu'on a pour appeler emportent déchéance (art. 444, Pr. civ.), et ces délais une fois expirés, on ne peut appeler, quelles que soient les causes d'empêchement, à moins qu'elles ne soient du nombre de celles où le législateur a prorogé le délai.

Ces délais courent contre toutes parties. Ils courent contre l'État, les établissements publics et les communes, comme toutes les prescriptions, d'après l'article 2227 du Code Napoléon. Ils courent aussi contre les mineurs et les interdits pourvus de tuteurs. Mais la loi ajoute, en faveur du mineur non émancipé, non pas une prolongation de délai proprement dite, mais une formalité de plus à l'accomplissement de laquelle est subordonné le point de départ du délai. « Les délais d'appel, dit l'article 444 du Code de procédure civile, ne courront contre le mineur non émancipé, que du jour où le jugement aura été signifié tant au tuteur qu'au subrogé tuteur, encore que ce dernier n'ait pas été en cause. »

Toutes ces parties ont leurs recours, c'est-à-dire que si elles étaient fondées à appeler, elles pourraient demander des dommages et intérêts contre leurs administrateurs qui ont laissé perdre leurs droits.

CHAPITRE IV.

Où doit être faite la signification de l'appel.

La signification de l'appel doit être faite à personne ou à domicile, à peine de nullité (art. 456, Proc. civ.), et l'acte d'assignation doit être conforme; en principe, à toutes les règles tracées pour les ajournements de première instance, par l'article 61 du Code de procédure civile. Seulement il sera inutile de développer et même d'indiquer les griefs d'appel, parce que dans aucun cas l'omission de ces griefs ne peut être une cause de surprise pour l'intimé, qui déjà connaît plus ou moins le fond de l'affaire, et par conséquent les moyens de l'appelant.

L'élection, qui aurait été faite pour la demande principale, ne suffirait pas pour cette signification, parce que son effet cesse dès l'instant que le jugement de première instance a été rendu.

Il en est de même d'un domicile élu pour le payement d'une dette. De ce que l'on pouvait y assigner pour obtenir condamnation, il ne faut pas conclure qu'on puisse y signifier un acte d'appel. Mais le domicile élu dans un commandement sur saisie-exécution, rend valable la signification de l'appel qui y serait faite; c'est une exception qu'il ne faudrait pas étendre à d'autres cas. (Pardessus.)

CHAPITRE V.

A quel tribunal est porté l'appel.

L'appel d'un jugement d'un tribunal de commerce doit être porté à la Cour d'appel dont relève le tribunal de commerce, et cet appel sera porté à l'audience sur simple acte et sans autre procédure, comme pour les appels des jugements rendus en matière sommaire (Art. 648 du Cod. de comm.)

Ainsi, une fois que l'assignation qui introduit l'appel, sera donnée, l'audience pourra être suivie sans les écritures préalables qu'autorise l'article 462 du Code de procédure civile pour les matières civiles ordinaires.

CHAPITRE VI.

De la procédure qui s'observe sur l'appel.

On peut faire valoir devant la Cour d'appel les mêmes moyens que devant le tribunal de commerce. Ainsi les nullités, les exceptions d'incompétence, etc., sont, lorsque le tribunal les a rejetées, autant de moyens d'appel pour celui qui les invoquait; celui qui prétend qu'on les a injustement admises, peut aussi se faire des moyens d'appel de cette admission. Mais on ne peut former en appel aucune demande nouvelle, et cela, parce que toute demande doit subir deux degrés de juridiction. Il y a exception à cette règle de l'article 464 du Code de procédure civile dans quatre cas :

1.° Lorsqu'il s'agit de compensation;

2.° Lorsque la demande nouvelle est la défense à l'action principale;

3.° Lorsqu'il s'agit des intérêts, arrérages et autres accessoires échus depuis le jugement du tribunal de commerce;

4.° Lorsqu'il s'agit de dommages et intérêts dus à raison du préjudice souffert depuis le jugement.

Il ne faut pas regarder comme nouvelle demande les moyens nouveaux employés par l'appelant ou l'intimé. Ainsi on peut produire en appel ceux qui ont été omis en première instance. C'est ce que décide l'article 2224 du Code Napoléon, qui porte que la prescription peut être opposée en tout état de cause, même en appel, à moins que la partie qui n'aurait pas opposé le moyen de la prescription, ne doive, par les circonstances, être présumée y avoir renoncé. (Pigeau, de l'appel.)

Aucune intervention ne peut être reçue en cause d'appel, si ce n'est de la part de ceux qui auraient droit de former tierce·opposition. Cette nouvelle règle, posée par l'article 466 du Code de procédure civile, se rattache incontestablement à celle posée par l'article 464 du même Code. En effet, admettre en appel une tierce-personne qui est restée étrangère aux débats de première instance, et qui vient former une demande distincte dans l'instance déjà pendante, c'est enlever aux deux premiers plaideurs le bénéfice de la double discussion que la loi leur assure.

CHAPITRE VII.

Des arrêts des Cours d'appel.

Les arrêts des Cours d'appel ne peuvent être rendus par moins de sept conseillers[1]. S'il se forme plus de deux opinions, les juges, plus faibles en nombre, seront tenus de se réunir à l'une des deux opinions émises par le plus grand nombre (art. 467, Pr. civ.). Toutefois ils ne seront tenus de s'y réunir qu'après que les voix auront été recueillies une deuxième fois. (Art. 117, Pr. civ.)

En cas de partage, on appelle, pour le vider, un au moins ou plusieurs des juges qui n'ont pas connu de l'affaire, et toujours un nombre impair, en suivant l'ordre du tableau. L'affaire est de nouveau plaidée. (Art. 468, Pr. civ.)

Il y a partage, 1.° lorsque la Cour, manifestant deux opinions différentes, compte autant de voix pour chacune. Dans ce cas, la Cour doit être composée en nombre pair;

2.° Lorsque plus de deux opinions distinctes sont embrassées par les juges, et que l'une d'elles ne compte pas en sa faveur la majorité absolue.

Dans le cas où tous les conseillers ont connu de l'affaire, il est appelé, pour le jugement, trois anciens jurisconsultes.

Les jugements doivent être rendus à la pluralité absolue des voix. Dans les cas où des parents ou alliés au degré de cousin-germain in-

---

1. Loi du 27 ventôse an VIII, art. 27.

clusivement, opinent dans la même cause, l'ancienne règle que leurs voix ne comptent que pour une, s'ils sont du même avis, doit être observée. [1]

Si, en définitive, l'appel est rejeté, l'appelant sera condamné à une amende de 10 francs. C'est ce qu'on entend dans l'usage par amende de *fol appel.*

CHAPITRE VIII.

A qui appartient l'exécution de l'arrét rendu sur l'appel.

L'exécution provisoire d'un jugement rendu en matière commerciale aura toujours lieu malgré l'appel, et non-seulement l'appel ne sera pas suspensif par lui-même, comme dans les matières civiles, mais la Cour, jusqu'à l'appel, ne pourra jamais, par des défenses accordées au préalable, suspendre l'exécution provisoire pendant l'instruction de l'appel, sauf à elle, si elle juge que le péril soit grave, à accorder la citation à un délai beaucoup plus court, pour statuer immédiatement sur le fond et arrêter par là le préjudice en infirmant le jugement. (Art. 647 du Code de comm.)

Avant de dire à qui appartient l'exécution de l'arrêt rendu sur appel, nous ferons d'abord remarquer que les tribunaux de commerce ne connaissent pas de l'exécution de leurs jugements, ce qui, du reste, ne doit s'entendre que des jugements définitifs, en vertu desquels on fait des saisies ou autres exécutions; et puis nous distinguerons deux cas : 1.° celui où le jugement est confirmé; 2.° celui où il est infirmé.

1.° Si le jugement est confirmé, les contestations qui pourront s'élever sur l'exécution ne seront pas portées devant le tribunal de commerce qui a rendu le jugement confirmé, mais devant le tribunal de première instance du lieu où l'exécution se poursuit.

---

1. Avis du Conseil d'État du 17 mars 1807, approuvé par l'empereur le 23 avril 1807.

Si le jugement confirmé est interlocutoire, l'exécution appartient au tribunal de commerce, puisqu'il eût connu de cette exécution s'il n'y eût pas eu d'appel, et que d'ailleurs cela est nécessaire pour qu'il puisse statuer définitivement.

2.° Si le jugement est infirmé, l'exécution entre les parties appartient à la Cour d'appel qui a prononcé, ou à un autre tribunal qu'elle indique par le même arrêt et qui sera généralement celui du lieu où l'exécution se poursuit.

Si le jugement infirmé est interlocutoire et que la matière soit disposée à recevoir une décision définitive, la Cour d'appel pourra statuer en même temps sur le fond par un seul et même jugement. (Art. 473, Pr. civ.)

Il en est des jugements des arbitres forcés comme des jugements des tribunaux de commerce; car les arbitres forcés sont mis sur la même ligne que les juges des tribunaux de commerce.

Vu pour l'impression.
Strasbourg, le 10 août 1852.

Le président de l'acte public,
SCHÜTZENBERGER.

9 782014 033649